돌꽃의 향기

시조사랑시인선 57

박치인 시조집

돌꽃의 향기

열린출판

박치인 시조집

돌꽃의 향기

1판 1쇄 발행 2025년 1월 31일

지은이 | 박 치 인
펴낸곳 | 열린출판
등록 | 제 307-2019-14호
주소 | 경기도 고양시 덕양구 권율대로 656, 1401호
전화 | 02-6953-0442
팩스 | 02-6455-5795
전자우편 | open2019@daum.net
디자인 | SEED디자인
인쇄 | 삼양프로세스

ⓒ 박치인, 2025
ISBN 979-11-91201-80-2 03810

*책값은 뒤표지에 표시되어 있습니다.
*저자와 협의하여 인지를 생략합니다.

■ 시인의 말

'돌꽃의 향기' 시조집을 내며

바람처럼 스친 인연
못 잊어 만났어도

서녘 하늘 지는 해는
갈 길을 서두르고

내 마음 이정표 없이
갈팡질팡 하는구나

 내 고향은 여주驪州의 '돌꼬지'이다. 돌에서 꽃이 핀다는 연유로 붙여진 동네 이름이다. 한자 사용을 유식함의 대명사로 여기던 사람들이 석화촌石花村이라고 부르기도 했지만 나는 돌꼬지가 좋다.
 늦게 시작한 시조 공부~
 돌꼬지의 꽃이 되고 향기가 되고 싶은 꿈을 이루도록 이끌어주신 김흥열 선생님께 무한한 감사를 드린다. 열심히 응원해 준 사랑하는 가족들이 고맙고, 시조의 길로 안내한 진길자 시인의 정성에 고마움이 크다.

2025년 정월
석향石香 박치인

■ 목차 　　　　　　　　　　　　　　　　돌꽃의 향기

005 ■ 시인의 말

제1부 운길산의 봄

013 운길산의 봄
014 오늘
015 해돋이
016 아침 풍경
017 말놀이
018 생강나무
019 출근길
020 까치 집
021 담쟁이
022 석류
023 추소정 湫沼亭
024 구룡산과 양재천
025 남한강에서
026 군자란
027 이슬
028 새벽달
029 나무 심기
030 떠드렁섬
031 뭉게구름
032 조각보의 꿈
033 내 탓
034 기찻길

2부 희망으로

037 오월
038 박꽃
039 상록수
040 우물가
041 메밀꽃
042 희망
043 바람
044 빈집
045 매미의 노래
046 삶·1
047 검은 꽃
048 밤바다
049 저녁 산책
050 선인장
051 미련 未練
052 가는 세월
053 노파심
054 성지순례
055 매미의 한恨
056 미세먼지
057 나이테
058 계단 오르기

3부 서울의 달

061 모정母情
062 조리 기구
063 서울의 달
064 발자국
065 백일홍에게
066 변덕인가
067 참, 곱다
068 양재천 갈대숲
069 거울
070 현충일 아침
071 시인에게
072 이웃
073 가재의 꿈
074 길을 걸으며
075 청개구리
076 삶·2
077 폭염
078 이별
079 성지 가는 길
080 시조
081 우체통
082 무의도

4부 기다리는 맘

085 정 情
086 전시회
087 가을 소식
088 안개
089 야생화
090 회상
091 상사화
092 추석
093 기을
094 기다리는 맘
095 바람
096 초가을
097 낙엽의 노래
098 단체 톡
099 사계의 공연
100 나무고아원
101 멍든 날들
102 헐린 고향 집
103 계단 오르기
104 홀로 아리랑
105 맨발 걷기
106 결실

5부 오유지족 吾唯知足

109 요리법
110 귀가
111 윤동주 문학관 가다
112 가을밤
113 질경이
114 염색
115 낙엽
116 오유지족 吾唯知足
117 그리움
118 고발합니다
119 향수
120 고독이란 벗
121 국회
122 파도
123 고향 생각
124 어느 겨울날
125 대치동 학원가
126 염원
127 돌꼬지(석화촌石花村)
128 소나무
129 전세 사기
130 기도

131 ■평설: 형식 속에서 피어난 자유, 시조적 상상력

1부 운길산의 봄

운길산의 봄

운길산 산그늘에 백곰처럼 엎드려서
오는 이 가는 이를 반기던 눈덩이들
머물던 발자국마다 그리움이 고여 있다

임금님* 귓가에서 맴돌던 물소리에
암자 된 수종사가 풍경소리 끌어안고
오백 년 은행나무도 꿈을 꾸는 봄이다

*조선의 세조 임금이 양수리에서 하룻밤을 묵다가 종소리가 들려 알아보니 물소리였다고 한다. 절을 짓고 수종사水鐘寺라고 함.

오늘

보석이 값지다고
너도나도 좋아하나

먼동이 떠오르는 새 아침만 하오리까

돈 주고 살 수 없는 건
오늘이란 보석이다

해돋이

동편에 불끈 솟아
어둠을 몰아내면

천사의 날개인 듯
부채처럼 펼쳐지며

세상을
가슴에 품는다,
은빛 사랑 눈부시다

아침 풍경

우듬지 까치집에
햇살 뿌린 이른 아침

배고픈 아우성이
창공으로 날아가면

해맑은
사랑 노래는
내 마음을 물들인다

말놀이

손주가 할미에게 서툰 말로 묻는다

"원둥이 엉더이가 왜 빨간지 알았더요?"

바나나 혼자 먹다가 들켰다고 웃는다

생강나무

고운 임 만나려고 마파람 기다리며
의젓한 봄의 신사 노랗게 단장하고
허리엔 갑옷 두른 채 털모자를 쓰고 있다

연분홍 아가씨를 그리다가 몸살 났나
몸에 핀 열꽃은 임을 향한 사랑이라
지그시 내려다보던 봄 햇살이 웃는다

출근길

어둠이 걷히기 전 불 밝힌 창가에서
출근길 서둘라고 뻐꾸기가 재촉한다
야멸찬 가족의 꿈을 등에 가득 집니다

팡파르 울리면서 아침 열고 오는 전차
일터로 가는 이들 꽃피는 얼굴마다
하루를 약속하듯이 푸른 꿈이 서려 있다.

까치 집

대모산 숲속에서
하늘을 정원 삼아

바람 타고 넘나들며
새끼들 보살피면

햇살에
물든 사랑이
보석처럼 빛난다

담쟁이

이른 봄 태어나서 연두로 단장하고
험한 길 손을 잡고 오르고 또 오른다
거친 볼 쓰다듬으며 가쁜 숨을 몰아쉰다.

별들이 가지 끝에 살그머니 내려앉고
하얀 달 왕자처럼 빛 뿌리며 등장하면
여름밤 사랑 얘기로 푸른 꿈을 펼친다

뼛속을 파고드는 피치 못할 인연이라
거친 벽 끌어안고 긴긴밤을 지새운다
단애斷崖가 험난할수록 천륜의 정 익는다

석류

뒷마당 석류꽃이 빨갛게 물이 드니
밀어낸 꽃자리에 열매들이 가득하다
꼭 다문 입안 가득이 홍보석을 물고서.

석류꽃 붉은 사랑 타오르는 열정들을
마음에 차곡차곡 고이 접어 숨겼다가
내 임을 만나는 날에 축포처럼 터뜨리리

추소정* 湫沼亭

백목련 굽은 등에
흰 구름 입 맞추면

늘어진 청솔가지
새들이 그네 탄다

대청호 언덕배기에
푸른 꿈이 여문다

* 충북 옥천에 있는 부소담악芙沼潭岳의 전망대인 정자

구룡산과 양재천

아홉 용 떠난 계곡 그림자만 길게 누워
신비의 전설들이 대를 이어 살고 있다
구룡산 등산로에서 용의 기운 얻어 볼까.

전설 속 용의 눈물 양재천을 이루어서
한 많은 이별이라 물 마를 날 없구나
꿈에도 잊힐 리 없는 혈육의 정이다

남한강에서

맑은 햇살 끌어안은
강물이 비단 같고

바람은 살랑대며
들꽃을 물들일 때

둥둥 뜬
구름 사이로
어머니가 보인다.

군자란

고고한 군자란이 큰 창가로 다가서서

창공을 지나가는 해님을 불러 봐도

눈길도 주지 않으니 꽃필 생각 못 한다

이슬

길가에 흩날리는
낙엽 위에 내리어도

금강송 귀한 잎에
공작처럼 앉았어도

해 뜨면
사라질 운명
그 생애가 애달프다

새벽달

풀벌레 늦잠 자고
별들은 숨었건만

세모시 치맛자락
휘날리며 가는 여인

새벽길 동행이 되어
자꾸 말을 걸며 오네

나무 심기

고향의 빈들에는 쓸쓸함만 가득하여
새들도 초라하게 날개 접고 앉아 있다
임 떠난 마음자리에 푸른 꿈을 심는다

백합나무 많이 심어 울울창창 가꿔내면
멍든 지구 고칠 비책 처방전이 거기 있다
명의를 옆에다 두고 노심초사勞心焦思 왜 하는가

떠드렁섬*

작은 섬 나들이로
내 마음은 천국인데

전설 속 청개구리
울음소리 가련하다

섬 가득 아기 똥 풀이
부끄럼을 가린다

* 양평군에 있는 청개구리 전설이 얽힌 섬

뭉게구름

제주행 비행기가 하늘 향해 날아가면

햇솜을 펼친 듯이 드넓은 목화밭에

금침(衾枕)을 준비하시는 어머니가 어른댄다.

조각보의 꿈

아련히 떠오르는 추억의 조각보엔
소반 상 덮어놓고 기다리던 울 어머니
발가락 꼬물거리던 형제들이 웃고 있다

가난의 벽에 막혀 배부르지 못했어도
한 땀 한 땀 이어진 자투리 사랑으로
어머니 조각 이불엔 알찬 꿈이 살아간다

알뜰한 정성에 키가 쑥쑥 자라나고
손바닥 마주하며 키우던 고운 꿈이
새 희망 깃발이 되어 창공 속에 나부낀다

내 탓

야생화 초대받고 꽃 잔치에 가봤더니
구절초 쑥부쟁이 엇비슷한 벌개미취
난감한 수학 문제처럼 알쏭달쏭 하구나

꽃 이름 모르는 게 큰 흠은 아니지만
세월에 녹이 슬어 기억마저 흐려 있다
죄 없는 가슴만 치며 내 탓이요 되뇐다

기찻길

둘이서 달려가도
언제나 외로운 길

닿을 듯 멀어지고
마주 보며 달아난다

사랑은
신기루인가,
다가가면 사라지는

2부 희망으로

오월

노오란 새싹들이
초록 물에 발 담그면

달려온 꽃샘바람
새털처럼 흩어지며

온 누리
푸르른 꿈이
풍선처럼 부푼다

박꽃

별들이 노니는 밤
초가지붕 내려와서

달빛을 받아 안고
그리움을 수놓다가

하얗게
밤을 새우고
먼 길 떠난 어머니다

* 박꽃은 밤에만 피운다.

상록수

하늘을 향한 기상
바다보다 더 푸르다.

바람이 불건 말건,
폭설이야 오건 말건

뼛속에 청산을 품어
독야청청 하는가.

우물가

동화 속 전설들이 우물가에 모여들면

어머니 그림자도 물결에 어른거려

자세히 들여다보니 낮달 혼자 놀고 있다

정겨운 두레박에 시원한 물 실려 오면

어머니 마음 담긴 정화수 한 사발에

한 하늘 들어와 앉아 수채화를 펼친다.

메밀꽃

싸락눈 내린 듯이
송이송이 하얀 꽃밭

아비와 아들 얘기
오손도손 익어가면

메밀꽃 드넓은 벌*이
달빛 아래 눈부시다.

* 벌판을 이르는 순우리말

희망

찬바람 밀어내며
달려오는 백마처럼

햇살을 품에 안고
날아오는 천사처럼

오늘도
춤을 추면서
손을 잡고 옵니다

바람

산 아래 부는 바람
씨줄 날줄 엮어내어

봄이면 꽃 피우고
가을이면 열매 익혀

한겨울 낙엽에 묻어
새 희망을 키운다

빈집

뒷마당 감나무는 홍등처럼 불 밝히고
울안에 부추 대파 비쩍 마른 키다리다
서울 간 아들 가족이 그리워서 목을 뺀 듯

장독대 간장 된장 햇살 가득 익어가도
부뚜막 무쇠솥은 싸늘하게 식어있다
말없이 떠난 주인이 야속하여 토라진 듯.

매미의 노래

한 맺힌 가슴속에 응어리진 하소연들

전생의 업보인 듯 밤낮없이 풀어 봐도

짧은 생 한풀이 노래 한여름에 갇힌다

삶 · 1

괜스레 부러지는 나뭇가지 없다시피

꽃들도 피고 지며 한세상 살아가네

우리도 흔들리면서 세월 따라 사노라

벌 나비 꿀을 찾아 꽃 사이를 넘나들며

길가의 민들레도 홀씨 되어 흩날리다

세상사 고달플망정 대를 이어 살아간다

검은 꽃

비바람 견디어야
고운 꽃은 피어나고

눈보라 이겨내야
버섯들이 돋아나듯

얼굴에
검은 꽃 핀 것
세월 이긴 흔적이다

밤바다

노을이 살그머니 귓불에 내려앉고

숨 가쁜 파도 소리 백사장에 뒹굴어도

조약돌 사랑꾼들은 열병으로 밤을 샌다

저녁 산책

파르르 떠는 바람 나뭇잎을 토닥이고
숲속을 거니는 이 건강을 응원한다
자연 속 한마음이니 살맛 나는 길이다

저녁놀 지난 거리 몰려오는 회색 바람
구름은 별을 낳아 밤하늘을 수놓는데
수풀 속 풀벌레 소리 우쟁반에 구른다.

선인장

메마른 사막에서
선인장꽃 피어나듯

어머니 손끝에서
사랑초가 피고 있다

새벽종
울리던 마을
인동초가 흐벅지다.

미련 未練

정다운 짝이 되어 품격 있던 슈츠 한 벌
변덕의 생이별에 홀로 지낸 삼십여 년
오늘도 치마폭에서 능소화로 핍니다

정이 든 모자 하나 막내에게 주었는데
봄빛 같은 우아함에 슬며시 샘이 나서
젊음은 달랄 수 없어 흘김이나 하고 만다.

가는 세월

부르지 않았어도 허겁지겁 달려와서

꽃잎을 털어낸 뒤 새 생명 잉태하고

애타게 기다려가며 별빛 같은 수를 놓네

노파심

더위를 등에 지고 오솔길을 걷노라니
바람과 벌레 소리 구름 수다 요란하다
마지막 매미 울음이 가는 세월 잡고 울 듯

불같은 열 화살에 과실들이 화상 입고
바닷속 물고기가 떼죽음을 당하다니
창조주 가꾸는 지구 사라질까 애달프다

성지순례

지중해 예쁜 언덕 '스텔라' 쉼터에서

등진 짐 내려놓고 여독을 풀었는데

새 아침 맑은 해처럼 성모께서 오신다

*스텔라: 이스라엘 지중해 언덕에 있는 '스텔라 마리아' 수도원 순례자 숙소

매미의 한恨

한 생을 놓으려니
서러움이 북받쳐서

세월아 멈추어라
소리치며 울어대면

청산도
너무 슬픈가,
넋 나간 듯 말이 없다.

미세먼지

구름도 숨 막히는 희뿌연 회색 하늘
해님이 찡그리며 먼지를 털고 있다
창공 속 새털구름을 다시 만나 놀고 싶다

포장된 얼굴 속에 감추어진 예쁜 미소
사랑의 보조개엔 수심만 가득하니
외로워 지친 그림자 빈 의자와 뒹군다.

나이테

젖줄로 배 불리며 햇살 받아 크라는 듯
치열한 경쟁 속에 던져진 씨앗 한 알
비바람 몰아칠수록 나이테는 자란다

하늘의 뜻을 받아 대가 없이 주는 사랑
세월이 할퀸 상처 온몸에다 새기면서
짙푸름 더해 가려니 또 한 해가 저문다.

계단 오르기

한 계단 힘이 나고
오십 계단 숨이 차도

날마다 근육 키워
부자 되는 노년 양식

금보다 값진 보화를
어디 가서 사려나

3부 서울의 달

모정母情

천둥의 불호령에
번개가 겁을 주며

폭우가 매정하게
회초리를 휘둘러도

알밤을
품은 모정은
가을 몰고 옵니다

*2024 양재천 글판

조리 기구

사랑의 일터에서 도마 칼날 무뎌지고
숟가락 젓가락이 휘어지게 일했건만
현대판 외식문화에 일자리를 잃었다

편리한 세상 따라 잠만 자는 부엌 일꾼
가족들 살리려고 온갖 아픔 참았건만
상처도 영광이려니 서러움만 삼킨다

서울의 달

서울에 뜨는 달은 유난히 밝아 보여

문간방 세를 얻어 오색 꿈을 엮다 보면

살다가 채는 돌부리 때때로 약이 된다.

발자국

돌아본 발자국엔 먼지들이 가득해도

바람이 지난 자리 티끌조차 안 보인다

욕심을 내려놓으며 흔적 없이 살리라

백일홍에게

꽃 속에 꽃을 들고
방긋방긋 웃고 있어

정겨운 네 모습을
반가워 하면서도

지금껏
마음 쏟아서
사랑할 줄 몰랐다

변덕인가

한여름 무더위가 얄밉도록 싫다더니

애타게 기다리던 가을 추위 또 밉다네

변덕이 이리 심하니 어느 장단 춤출까

참, 곱다

한 생을 곱게 살며 단풍처럼 물이 들면

한바탕 꿈을 태워 한 줌 흙 될지언정

빛바랜 역사일지라도 그의 삶은 아름답다.

양재천 갈대숲

하늘은 새파랗고 산책로는 울긋불긋
벼농사 학습장엔 고개 숙인 허수아비
이웃집 갈대밭으로 초대장을 날린다

냇가에 무리 지어 울창한 숲 이루고서
바람과 물소리가 만들어 낸 은빛 갈대
터질 듯 파란 하늘에 풍경화를 그린다

정다운 이웃 불러 축제 마당 차려놓고
물 따라 바람 따라 보란 듯이 일필휘지
명필이 따로 없으니 감탄사만 터진다

거울

아침에 거울 보고 웃으면서 윙크하면
미소에 화답하는 그 모습이 마냥 좋아
큰 웃음 선물로 받고 하루 행복 챙긴다

거울 앞 다가서서 속마음을 비춰보면
내 마음 흰색이고 이웃들은 분홍일까
고운 빛 요술 거울에 마음 꽃이 핍니다

현충일 아침

산야는 푸르건만 용사는 간 곳 없고
애절한 추모 시에 나라 사랑 가득하나
가뭄에 콩 나듯 걸린 태극기는 외롭다.

육십 초 사이렌에 추모의 정 담아 봐도
감사와 위로의 맘 어찌 말로 다 하리오
애국에 목숨 던지신 그 충절을 기억하리

시인에게

고운 정 미운 정을 마음에 품은 채로
고운 손 마주 잡고 빨리 가진 못하여도
언제나 그대 곁에서 친구 되고 싶어라

스치듯 지나가는 빠른 세월 따라가며
새 희망 품에 안고 푸른 꿈을 키우지만
마음은 보름달처럼 익어가고 싶구나

친구여 시인이여 풀꽃과 이웃하며
파릇한 이파리에 날개 달아 춤을 추면
알찬 꿈 푸른 대지에 강물처럼 흐르리

이웃

성 다른 나무들이
얼굴을 마주 보며

낮에는 새소리로,
밤에는 달빛으로

살갑게 살아가면서
푸른 꿈을 키운다.

가재의 꿈

잔잔한 맑은 계곡 돌 밑에 터를 잡고

달뜨는 밤이 되면 이웃들이 몰려나와

물속에 빠진 별들과 동화 나라 만든다

길을 걸으며

시 짓고 수필 쓰며
바쁜 삶 속에서도

대모산 황톳길에
시인의 꿈 키워가며

한순간 니체가 한 말*을
몇 번이고 되씹는다.

*니체의 말 : '모든 생각은 걷는 자의 발끝에서 나온다.'

청개구리

하라면 하지 않고 말리면 하고 마는

일곱 살 미운 나이 굴개굴개 심술쟁이

도대체 누구 핏속에 그 고집이 사는가

삶·2

하루살이 한 생애가 백 년보다 못 하던가

천년 사는 거북이도 한 번뿐인 삶인지라

순간도 허투루 못 쓰고 숨 막히게 산다오

폭염

하늘에서 내린 불에
땅덩이가 펄펄 끓어

열기 맞선 냉방기도
힘에 부쳐 목이 쉬고

열대야 판치는 밤엔
달맞이나 해야겠다.

이별

밤새운 하얀 달이 서산에 걸터앉아
사랑을 속삭이다 기약 없이 헤어지며
이별이 너무 서러워 가지 끝에 숨는다

기울면 채워지고 채워지면 또 비우니
손가락 꼽으면서 애타게 기다려도
세월을 앞에 세우고 이별가만 서럽다

성지 가는 길

절두산 지나갈 땐 한강 물도 멈칫댄다.
겨레를 깨우치려 기꺼이 흘리신 피
대대로 이어져 내려 윤슬처럼 빛난다.

거룩한 얼을 찾아 달려온 언덕 위에
만발한 무궁화는 어느 임의 넋이던가
순례자 가슴 가슴에 사랑 꽃이 피고 있다.

시조

수필은 이야기로
시조는 노래하듯

어려운 줄 알았으면
덤비지나 말 것을

시작은
어이하고서
갈팡질팡 하는가

우체통

동네 앞 우체통에 고운 사연 쌓이건만
갈 곳 잃은 손 편지들 옛 추억 가득 안고
우표에 그리움 붙여 허공으로 날린다

무의도

무의교 바닷물에
은빛 가루 쏟아지면

장군이 춤을 추는
서해 바다 외딴 섬에

갈매기
공연은 무료다
새우깡이 입장료다

*무의도: 섬의 형태가 장군복을 입고 춤을 추는 것 같다고 해서 붙여진 이름

4부 기다리는 맘

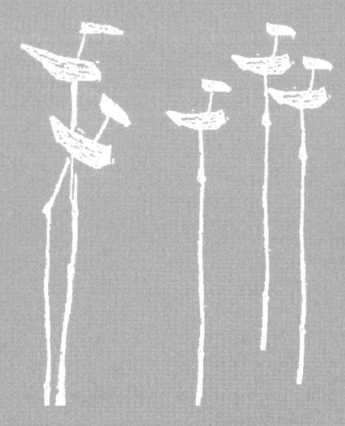

정 情

첫서리 내리기 전 홍시를 거두는 날
남겨둔 까치밥이 홍등처럼 걸려있어
인심은 살아있다고 까치들이 웃는다

아랫목 이불 속에 밥그릇을 묻어 놓고
꺼져가는 화롯불에 된장찌개 얹어 놓고
애타던 엄마 사랑이 오늘따라 삼삼하다

전시회

물감을 엎지른 듯 코스모스 곱게 피어
그림 속 풍경처럼 가을을 수놓는다
누굴까, 가을 들판에 수채화를 그린 이는

넓은 들 화판 위에 야생화가 곱게 피면
소문 난 그림 솜씨 풀벌레도 구경 오고
산 너머 산들바람도 관람하러 옵니다.

가을 소식

불러도 대답 없이 귀띔조차 하지 않고
이정표 없는 길을 어찌 알고 찾아왔나
애타는 풀벌레 울음에 가을 색이 묻어 있다.

가을이 익어가는 단풍잎들 잎새마다
한여름 사연들을 밤 지새워 수런대면
허아비 사는 마을은 황금으로 물든다.

안개

가을날 이른 새벽 마음 들떠 길 나서면
자동차 불 밝혀도 짙은 앞은 장막이다
그 누가 술래이기에 넓은 길을 숨기나

깊은 산 골짜기에 숨어있는 산의 전령
멀고 먼 산 고개에 꽃구름을 심어두면
새하얀 목화송이가 수를 놓듯 피어난다

야생화

한여름 천둥소리 곱게 삭혀 살찌우고
강렬한 여름 햇살 피가 되어 흐르는가
오색 꿈 펼친 꽃잎에 한 우주가 들어 있다.

회상

윤나던 검은 머리 은빛으로 변했어도
계곡의 푸른 이끼 세속을 떠났는지
바위를 붙들고 앉아 젊은 꿈을 키운다

수줍던 소녀 시절 꿈결처럼 선보이고
반세기 훌쩍 넘어 다시 찾은 오리 숲길
그리워 멍든 잎들이 가을비에 젖는다

상사화

등산로 모퉁이에 사이좋게 터를 잡고
날개옷 하나 없이 벌거벗은 맨몸으로
행여나 임을 만날까 애면글면 애태운다

숲 향기 언덕 아래 자작나무 무성하고
가녀린 코스모스 무리 지어 피고 져도
떠난 임 오지 않아서 눈시울을 붉힌다

칠석에 손을 잡는 견우직녀 되었다면
일 년에 한 번쯤은 상봉을 하련마는
전생에 죄업이 많아 그리움만 안고 산다

추석

산국山菊에 취한 가을 갈지之자로 달려오면
매미가 살던 산야山野 잠자리가 차지하고
허아비 머리에 앉아 살 궁리가 한창이다

햇살을 이고 앉은 알밤들이 익어가면
뒤뜰에 대추 볼은 수줍은 듯 붉어 있고
고향 땅 오곡백과는 풍년가에 춤춘다

고향이 그리워서 자동차도 꼬리 물고
달려라 힘껏 달려 소리치며 응원해도
바퀴는 도로에 붙잡혀 굼벵인 듯 기어간다

가을

잔칫날 기다리다 더위 먹은 은행알이
심술이 많이 나서 길바닥에 누워있다
기나긴 여름 횡포에 얼굴색이 누렇다

허아비 손 흔들며 가는 여름 밀어내도
더위는 자리 잡고 장승처럼 버티더니
낙엽들 시위에 놀라 슬그머니 떠난다

기다리는 맘

창틈을 비집으며 햇살이 들어와서
지난밤 언 꽃들을 포근하게 감싸주면
꽃향기 집안 곳곳에 봄볕처럼 쏟아진다

꽃망울 터지는 날 애타게 기다리며
날마다 숨죽인다 내일일까 모레일까
때 없이 눈길 머문다, 앙가슴을 설레며

바람

가을이 날아와서
창문 앞에 걸터앉아

들고 온 단풍 소식
하나둘씩 전해준다

그리운
임의 향기도
품에 안고 왔을까

초가을

드높게 열린 하늘 산새들이 날고 있다
가을이 숨었다가 슬그머니 고개 들며
산 아래 감나무 끝에 나비처럼 앉는다

창공을 펼쳐놓고 뭉게구름 그린 뒤에
산자락 굽이굽이 오색물감 칠할 때면
탄성이 절로 나온다, 갈바람은 화신畵神이다.

낙엽의 노래

차디찬 봄바람에 실눈을 곱게 뜨고
찬바람 마주 서서 잎 틔우고 열매 맺어
무료로 베푸는 사랑 온몸으로 보인다

햇살이 너무 좋아 바람 따라 춤을 추고
푸르른 추억 새겨 울긋불긋 물들이며
머나먼 피안의 여행 미련 없이 떠난다

서산의 노을처럼 멍든 몸이 붉게 타며
거리를 배회하다 정처 없이 떠돌아도
마침내 시인의 손끝에서 화려하게 꽃피우리

단체 톡

희뿌연 오물들이 시냇물을 휘저어도

낚싯대 던져놓고 느긋하게 기다리며

한 마리 금어 낚으려 두 눈을 크게 뜬다

사계의 공연

제1막
봄볕에 눈을 뜨며 덮인 이불 걷어찬다
민들레 슬금슬금 바위틈에 터를 잡고
새 친구 만나고 싶어 반지꽃을 부른다.

제2막
흥겨운 바람둥이 넘어질 듯 춤을 추며
남새밭 손질하는 아지매를 위로하고
고갯길 넘는 나그네 젖은 시름 달래준다

제3막
나무들 옷자락이 오색으로 물이 들면
고운 임 밟고 오라 꽃길을 꾸미시나.
길가에 비단 카펫이 바람결에 파도친다.

제4막
동장군 소식 듣고 겨울나무 겁먹었나.
가진 것 다 내주고 눈보라에 시달리며
겨우내 언 땅에 서서 오는 봄을 엮는다.

나무고아원*

병들면 찾아가는
나무들의 요양병원

바람에 일렁이며
살아가는 그 모습이

가족을 그리워하는 노인들을 닮았다

*경기도 하남시에 있으며 병든 나무를 치료하는 곳이다.

멍든 날들

한여름 무더위도 엄동설한 추위에도
푸른 솔 장승처럼 우뚝 서서 버텼건만
큐피드* 화살을 맞아 석양빛이 흐리다

바이러스 도둑처럼 때와 장소 가리지 않고
어둠을 파고들어 쌓은 성벽 넘나들다
어느 날 어디쯤에서 제 버릇을 버리려나.

*Cupid: 로마 신화에 나오는 사랑의 신

헐린 고향 집

별 따라 반짝이던 외로운 고향 집이
바람 따라 흘러갔나, 오간다는 말도 없이
은하수 놀던 우물에 모정 홀로 애절하다

바람난 처녀처럼 목 메이는 총각처럼
허름한 고향 집이 주인 잃고 헤매는데
오롯이 소박하던 꿈 어디쯤에 숨었나

뒷마당 감나무는 햇살 아래 쓸쓸하고
해묵은 장독대도 흔적만 남아 있어
아무리 애써 지워도 살아나는 고향이다

계단 오르기

한 계단 힘이 나고 오십 계단 숨이 차도

날마다 근육 키워 부자 되는 노년 양식

금보다 값진 보화를 어디 가서 사려나

홀로 아리랑

올림픽 파리에서 무궁화가 필 때마다
별빛 같은 땀방울은 금빛으로 반짝이고
만방에 떨친 위상이 자존감을 드높인다.

한 핏줄 두 얼굴이 이국땅에 마주 서서
한 맺힌 원수인 듯 눈 화살을 쏘아대도
양 선수 맞잡은 손에 혈육의 피 흐른다.

반쪽 된 아픈 산야 하나 되길 염원해도
갈 길이 구만리인 한반도의 평화 타령
빛바랜 여의도에선 금빛 메달 누가 딸까

맨발 걷기

걷기가 유행이니 골목길도 도보 트랙
건강에 좋다 하니 등산로엔 맨발 청춘
뒷동산 숲길 걸으며 모델처럼 뽐낸다

결실

별과 달 빛을 엮어 무지개를 만들 듯이
쌓인 눈 얼음 녹여 씨앗들을 빚었을까
열매들 햇빛 삼키며 탐스럽게 익는다

고구마 넝쿨 따라 스며들던 바람결이
다독여 키우더니 밤톨처럼 영글었네
오늘은 손주 입에서 라떼 되어 녹는다

5부 오유지족 吾唯知足

요리법

철 따라 씨 뿌리면 바람이 싹 틔우듯
청풍호 윤슬마저 엮어내는 마술사들
가을날 축제의 기쁨 하늘가에 번진다

시인의 시작 노트 알밤 같은 시어들을
오색으로 물들이는 요리사의 마법인가
시화전 멋진 축제는 별빛으로 물든다

귀가

거리의 소음들이 골목길로 접어들면

별들은 하나둘씩 전설을 타고 와서

불빛이 흐르는 집집 웃음소릴 엿듣는다.

윤동주 문학관 가다

구름도 쉬어가는 인왕산 빛 고운 날
서촌의 통인시장 소박한 인심 안고
윤동주 시인 만나러 시심 안고 오른다

꺼질 듯 애처롭던 언덕 위의 불빛들은
하늘의 별이 되어 밤하늘을 물들이고
바람은 마중을 나와 옷깃으로 숨는다

동산에 내려앉은 반짝이던 별님들이
시심을 일깨우고 시린 마음 토닥인다
전설 속 시간여행은 별 노래로 잠든다

가을밤

성지의 밤하늘엔 잠 못 드는 별빛들이

세느강 윤슬처럼 낭만으로 물들어도

깊은 밤 풀벌레 소리는 내 마음을 깨운다

질경이

비옥한 들판 두고 길가에 자리 잡아
오가는 이웃들과 눈인사를 나눠가며
한생을 살았을망정 빛나는 삶 아니더냐

온몸에 멍이 들고 흙탕물에 뒹굴어도
촌로(村老)의 반찬 되고 아픈 사람 약이 된다
오롯이 질경이 닮은 선한 이웃 그립다

염색

귀밑을 파고드는 하얀 눈발 감추어서

소녀가 되고 싶은 할미 맘을 헤아릴까

까맣게 염색을 하며 가는 세월 잡는다.

낙엽

한적한 산책로에 흩어지는 갈색 얘기

한 삶의 피날레(finale)를 장식하는 춤사윈가

한바탕 벌이는 연극 성대하게 펼쳐진다.

오유지족 吾唯知足

"모자람 깨달아서 작은 일에 만족하라"

열반 전 석가모니 제자에게 이른 말씀

범사에 감사하라는 예수 말씀 닮았다

그리움

엄마가 날 부르면 송아지도 따라 울고
장작불 튀는 꽃은 노을보다 더 붉은데
강아지 귀를 쫑긋 세워 발소리를 찾는다

어둠이 도둑처럼 담 너머로 숨어든 밤
메밀묵 찹쌀떡을 쟁쟁하게 외쳐대면
훌쩍 큰 손주 목청은 골목길로 접어든다

고발합니다

사랑의 약속 없이 키워준다 생색 않고
피와 땀 흘려가며 한평생을 보살펴도
늙으면 도움 안 되니 팽개치는 세태다

곱다고 장만했던 명품접시 할 일 없어
옷장 속 정장처럼 빛을 잃고 늙어간다
외식에 자리 내주고 뒷방 할미 신세다

자식도 나 몰라라 부모조차 나 몰라라
보석 같은 삼강오륜 팔아먹고 마는 세상
대대로 이어온 전통 강물 속에 던지려나

향수

나팔꽃 호박꽃이 방긋방긋 인사해도
밤새워 길섶에서 울어대던 풀벌레는
초록별 이별 소식에 애가 타나 봅니다

냇물 속 돌멩이들 부딪히며 흐르는 곳
토닥이는 엄마 손길 정이 묻은 화음 노래
귓가에 맴을 돕니다, 고향 땅의 개울 소리

고독이란 벗

쓸쓸한 마음 밭에 파도처럼 넘실대다
온다면 오라하고 갈 테면 가라 하니
깊은 밤 혼자 놀다가 안개처럼 사라진다

윤슬로 반짝이는 두물머리 강물 두고
무거운 걸음으로 가파른 산 오르자니
초록 숲 정기에 취해 숨소리만 가쁘다

두고 온 푸른 물에 그리움을 밀어 넣고
야호를 외쳐 봐도 허공 속에 숨어든다
외로움 호젓한 자유 새로 얻은 친구다

국회

오늘은 네 탓이요
내일도 네 탓이니

남의 탓 의사당에
어둠만 깔려 있다

날마다
남의 탓 말고
'내 탓이오' 하소서

*사르트르의 앙가주망 engagement 문학 (참여시)

파도

하얗게 부서지며 밀려오는 이야기는
물고기 푸념인가 어부들의 노래인가
모래밭 얼룩진 사연 썰물 따라 떠난다

젊음의 짙은 향기 푸른 물에 내던지면
밀물로 다가오다 바람처럼 사라지고
말없이 떠난 사연들 물결 따라 춤춘다

밤바다 어둠 안고 흙빛으로 물들어도
등대의 꿈을 보며 별빛 따라 사노라면
인생길 만선의 희망 바다 위에 넘실댄다

고향 생각

창가에 걸터앉아 고향 노래 불러보면
아카시아 고운 향이 어느새 날아와서
팔당호 물안개처럼 나를 감싸 안는다

고향 뜰 미루나무 그림자가 줄을 서고
울타리 넝쿨 박이 마당으로 굴러오면
황금 벌 허수아비도 손 흔들어 반긴다

어느 겨울날

친구와 둘이 찾은 북촌마을 국숫집에
주문받기 기다려도 묻는 이 하나 없고
선 결재 주문이기에 키오스크(kiosk) 목이 길다

청년이 다가와서 할머니를 도와준다
온정을 듬뿍 얹어 비빔국수 버무리면
겨울이 참 따뜻했다, 목화송이 솜처럼

대치동 학원가

땀 흘린 형설의 공 옛말이라 팽개치고

명문가 학원 찾아 이리저리 헤매다가

긴긴밤 어둠에 갇혀 외로움을 삼킨다

염원

푸르고 둥근 집엔 복사기가 살고 있어
입주하면 너도나도 올망졸망 닮아간다
외로운 국민 위한 길 새 희망을 가꾸자

반쪽이 아픈 산야 통일은 우리 소원
갈 길이 구만리인 여의도 평화 타령
집안이 싸움판이니 평화통일 언제 오나

돌꼬지*(석화촌 石花村)

내 고향 기름진 땅
오곡백과 익어가고

드넓은 황금 벌에
진상미가 출렁이면

돌에서 꽃이 피어나
온 동네가 축제였지

*경기도 여주군 흥천면에 있는 동네 이름

소나무

대모산 산그늘이 어둠을 쏟아내면

산마을 어귀에는 가로등이 눈을 뜬다

잠 못 든 소나무들은 짙은 향을 내뿜고.

전세 사기

땀방울 옷 적시며 마련한 보금자리

투명한 사기 앞에 통째로 걸렸어도

기어코 벗어나리라, 볕들 날을 기다리며.

기도

새벽엔 문안 인사 서툰 말로 드리지만
밤새워 토닥토닥 자장가를 부르시며
꿈나라 머나먼 여행 함께 걸어 주셨다

매일의 십자가로 가시밭길 험난해도
감사와 기쁨으로 노래하며 사노라면
주님과 함께 걷는 길 열쇠 없는 문이다

▪ 평설

형식 속에서 피어난 자유, 시조적 상상력
-박치인의 『돌꽃의 향기』를 읽고

김흥열
(사) 한국시조협회 고문

I. 들어가며

먼저 시조집 상재를 축하드린다.

일반적으로 시인의 작품집은 시인의 유토피아적 삶의 철학이라 할 수 있다. 아는 바와 같이 유토피아(Utopia)는 인류가 지향하는 이상理想세계로서 추구하는 바가 가장 완벽하고 평화로운 사회이다. 시인은 사회의 아픔을 치유하는 정신과 의사 또는 상담사의 역할을 수행하는 사람이다. 의사가 정확한 진단을 하지 못하면 명의라 할 수 없다. 마찬가지로 시인의 작품이 예술성을 반영하지 못하면 좋은 작품이라 할 수 없다. 예술은 아름다움을 표현하고 창조하는 일에 목적을 두고 작품을 제작하는 모든 인간 활동과 그 산물을 통틀어 이르는 말이다. 그러므로 작품의 예술성 또는 작품성이란 시인의 글재주나 능력이 탁월하여 아름답고 숭고해 보이는 경지에 이른 것을 말하는 것으로 이해된다. 따라서 작품은 하나하나가 모두 예술성을 지녀야 한다는 말이 되기도 한다.

박치인 시인은 오랫동안 교직에 몸담으면서 이 나라 미래의 동량을 키우는 데 온 정성을 바쳐 봉사하신 분이시다. 청소년은 우리의 미래이며 꿈이다. 따라서 건강하고 맑은 사회정의와 국가의 미래 청사진을 그리기 위해 불철주야 애써 오신 참 스승이시다.

박 시인은 시조에 입문한 지가 그리 오래되지는 않았어도 그 일천한 연륜에 비해 작품을 직조하는 능력이 뛰어나다고 하겠다. 특히 시조는 전통문학이므로 반드시 지켜야 할 외적 내적 형식 안에서 예술성을 살려내야 하므로 일반 시詩에 비해 조건이 까다롭다고 할 수 있다.

시조의 기본 요소는 전통과 감성, 즉 형식과 예술성이다. 물고기가 물을 떠나 살 수 없듯, 시조 역시 전통적 형식이라는 바탕을 떠나 존재할 수 없다. 여기서 '물'은 전통적 형식을, 물고기의 유영은 예술성을 상징한다. 또 한옥에 비유할 수 있다. 한옥이라는 전통적인 외형의 모습을 벗어나면 한옥이라 부를 수 없다. 한옥의 전통적 양식이 형식이다. 그러나 내부 인테리어는 얼마든지 아름답게 꾸밀 수 있는 것과 마찬가지로 시조는 3장 6구 12소절이라는 외적 모습을 벗어날 수는 없지만, 문장은 얼마든지 미학적으로 아름답게 살려낼 수 있다. 이것이 작품성이라는 이름으로 예술

척 가치를 만들어 내게 된다.

  이 전통적 틀 안에서 감성을 풀어내고 언어의 마술을 펼쳐야 한다. 이것이 예술성이 된다. 그러므로 시조 작가는 시조 형식과 예술성을 동시에 살려내는 언어의 연금술사가 되어야 한다.

  박치인 시인의 작품은 그의 연륜에 비해 시조의 전통적, 미학적 가치를 충분히 지니고 있다. 시조의 형식과 질서를 잘 지켜내고 있기 때문이다. 시조의 참가치는 어디에서 찾아야 하는가?

  일반적으로 가치價値라 함은 공동체를 이루고 있는 사람들이 어떤 대상에 대하여 추구하는 감정 체계라 할 수 있는데 이는 사회적, 정치적, 경제적, 문화적 측면에서 선과 악, 옳고 그름, 아름다움 등을 결정하는 행동 방식이 된다.

  따라서 시조는 역사성, 예술성, 공동체를 결속시키는 통일성 등을 지닌 언어예술이라 말할 수 있는데 박 시인의 작품은 하나같이 이러한 시조의 가치들을 충분히 반영하고 있다고 보아도 무리는 아니다.

  이제 시인의 정신세계를 거닐면서 그 아름다움을 감상해 보기로 한다.

II. 작품 감상하기

운길산 산그늘에 백곰처럼 엎드려서

오는 이 가는 이를 반기던 눈덩이에
머물던 발자국마다 그리움이 고여 있다

임금님 귓가에서 맴돌던 물소리에
암자 된 수종사가 풍경소리 끌어안고
오백 년 은행나무도 꿈을 꾸는 봄이다

「운길산의 봄」 전문

운길산은 경기도 남양주시 조안면에 소재하는 6백여 미터의 산으로 이 산이 유명해진 것은 '수종사'라는 고찰이 있기 때문이다. 북한강과 남한강이 합류하는 두물머리의 경관은 참으로 아름답다. 박 시인이 이 산에 올라간 것은 아마 겨울이거나 아니면 봄기운 감돌기 시작하는 이른 봄철쯤으로 여겨진다.

이 작품은 음수의 배열이나 구와 구의 연결성 장의 독립성이 시조의 전통적 형식을 잘 유지하고 있다. 이런 시조의 작법은 그가 습득해온 전통 시조의 창작법을 그대로 고수하려는 의지가 강렬하기 때문일 것이다.

이 작품은 수사법 중 첫수는 활유법을, 둘째 수는 의인법을 도입했다. 눈이 백곰처럼 엎드려 있고 밟고 간 발자국이 그리움을 담고 있다는 표현이 그렇다. 둘째 수 초장의 '임금님'은 아마도 수종사와 연관이 있는 세조를 떠올리며 상상력까지 동원해 지은 작품이다. 특히 종장 마감 처리가 아름답다. 즉 뭇사람들에게 희망을 주는 메시지가 들어 있기 때문이다.

화려한 시어詩語를 사용하지 않았으면서도 그 포에지(poésie)를 잘 살려내고 있다고 할 수 있다. 간결하면서도 균제미均齊美가 있다.

> 석류꽃 붉은 사랑 타오르는 열정들을
> 마음에 차곡차곡 고이 접어 숨겼다가
> 내 임을 만나는 날에 축포처럼 터뜨리리
> 　　　　　　　　　　　　　　　「석류」 둘째 수

이 작품은 장의 독립성, 연결성, 완결성이 매우 돋보인다. 시중 잡지에 소개되는 작품들을 보면 시조의 위 세 가지 특성을 의식하지 않고 쓰는 시인이 매우 많다. 시조의 이러한 특성은 내적 형식內的形式으로, 작품 대부분이 이를 간과하고 있는데 고시조 근대 시조를 살펴보아도 어느 하나 이 내적 형식을 어긴 작품은 발견되지 않는다. 이는 보이지 않는 시조의 정체성正體性 중 하나로 시조 창작시에 반드시 준수해야 할 매우 중요한 포인트가 된다. 석류꽃 하나에서 사랑을 발견하고 이를 시조 형식에 맞춰 시작時作하는 일은 그리 쉬운 일이 아님에도 작가는 아주 자연스럽게 아름다운 시조 한 편을 끌어내고 있다. 절제미節制美와 우아미優雅美가 느껴진다.

> 제주행 비행기가 하늘 향해 날아가면
> 햇솜을 펼친 듯이 드넓은 목화밭에
> 금침衾枕을 준비하시는 어머니가 어른댄다.

「뭉게구름」 전문

  작가는 제주도로 여행을 하며 비행기에서 내려다본 하얀 구름밭을 목화밭에 비유하며 어머니를 떠올린다. 모든 어머니는 과거에 자녀들의 혼수를 준비하면서 제일 먼저 하는 일이 목화를 따다가 이불솜을 준비하는 것이기도 했다.

  일상에 젖어 어머니의 크신 사랑을 잊고 살다 가도 어떤 상황이 벌어질 때면 늘 어머니가 그리워지는 것은 비단 작가뿐만은 아닐 것이다.

  이 작품은 특별한 수사법이나 화려한 언어 대신, 어머니를 향한 깊은 사랑과 그리움을 단순하고 절제된 표현으로 담아냈다. 목화밭에 비유된 하얀 구름은 어머니의 따스한 품을 떠올리게 하며, 여행 중에도 자식을 위해 평생을 헌신했던 어머니의 사랑을 되새기게 한다. 이는 독자에게 어머니라는 존재가 지닌 절대적이고 무한한 사랑을 다시금 느끼게 하는 힘을 가진다. 이 세상에서 가장 위대한 분은 어머니이다. 어머니의 사랑은 끝이 없고 그 힘은 세상 무엇보다도 강하다.

  여행을 하게 되면 마음이 들뜨게 마련이지만 시인은 여행하면서도 어머니를 마음에 모시고 다니는 효심으로 가득하다.

    동화 속 전설들이 우물가에 모여들면

어머니 그림자가 물결에 어른거려
자세히 들여다보니 낮달 혼자 놀고 있다

정겨운 두레박에 시원한 물 실려 오면
어머니 마음 담긴 정화수 한 사발에
한 하늘 들어와 앉아 수채화를 펼친다.

「우물가」 전문

  이 작품에서도 시인은 모정을 그리워하고 있다. 시골 우물가에는 많은 전설이 사는 곳이다. 사랑 얘기부터 귀신 얘기에 이르기까지.

  물결에 어린 어머니가 보이는 듯하고 달빛도 별빛도 들어와 사는 곳이다.

  정화수 한 그릇에도 어머니가 계신 하늘이 어른댄다.

  우리는 어떤 일에 집착할 때 종종 착시현상을 일으킨다. 작품에서는 실제 어머니 모습을 본 착시현상이 아니라 작가의 마음에 언제나 함께 살고 있다.

  그래서 첫수 종장에서 자세히 보니 낮달이 비친 것임을, 즉 현실 세계로 다시 돌아온 것을 인식하게 된다. 둘째 수 초장에서 '정겨운 두레박'이라는 표현에서 향수를 불러온다. 요즘이야 수돗물을 사용하므로 이런 모습은 찾기 어렵지만 불과 3십여 년 전만 해도 시골 어디서나 볼 수 있는 정겨운 광경이었다. 또 종장은 활유법을 적용하여 그 묘미를 더하고 있다. 광대한 우주가 정화수 한 그릇 안에 담기는 모습을 수채화를 그린다고 했다. 이것은 신비이다. 현실 세계에서는 일어날 수 없는 현상으로 인간의 능력 밖에서 벌어지는 신비이나 작가의 손끝에서는 언제나 가능하다.

이처럼 작품에서 상상력이 동원되면 시조는 더욱 맛깔스러운 맛을 내게 된다.

> 장독대 간장 된장 햇살 가득 익어가도
> 부뚜막 무쇠솥은 싸늘하게 식어있다
> 말없이 떠난 주인이 야속하여 토라진 듯.
>
> 「빈집」 둘째 수

박치인 시인은 그리움의 시인이다. '그리워한다.'라는 말은 정情이 많다는 얘기와 같다. 어머니를 그리워하고, 고향 우물을 그리워하고 떠나간 사랑을 그리워하고 옛집 뒷마당에 서 있는 감나무를 그리워하고….

이런 그리움이 많다는 것은 또 심성이 매우 선하다는 얘기이다. 심성이 선한 사람치고 정이 없는 사람은 없다. 고향을 떠나온 이라면 누구나 그려보는 향수이다.

이 작품에서 눈여겨볼 대목은 첫수와 둘째 수의 묘한 대비이다. 간장 된장은 익어가는 데 무쇠솥은 싸늘하다는 표현에서 묘한 매력을 느끼게 한다. 종장 후구 말미를 '토라진 듯'처럼 부사어로 마감을 하였지만, 중장과 도치된 수사법을 동원하여 시조 형식을 조금도 훼손하지 않고 있다.

> 젖줄로 배 불리며 햇살 받아 크라는 듯
> 치열한 경쟁 속에 던져진 씨앗 한 알

비바람 몰아칠수록 나이테는 자란다.

하늘의 뜻을 받아 대가 없이 주는 사랑
세월이 할퀸 상처 온몸에다 새기면서
짙푸름 더해 가려니 또 한 해가 저문다.

「나이테」 전문

이 작품에서는 어떤 강인함을 느낀다. 풀숲에 떨어진 씨앗 한 알도 그 삶은 치열하다. 그냥 크는 것이 결코 아니다. 옆에 있는 다른 풀보다 더 건실해야 후손을 더 많이 남길 수 있고, 몰아치는 태풍에 맞서 이겨내야 생명을 유지할 수가 있고, 불타는 가뭄도 이겨내야 한다. 환경은 가혹할 정도로 시련을 주지만 이겨내는 초목만이 영화를 누릴 수 있다. 작가는 이런 자연현상의 어려운 고비마다 극복해 내겠다는 강한 의지를 첫수 종장에서 선보이고 있다. 어떤 난관도 극복하겠다는 시인의 의지가 독자에게 에너지를 공급해 준다. 시조의 매력은 종장에서 희망적인 메시지를 담아내는 데 있다. 초장이나 중장에서는 아플지라도 종장에서는 웃음을 주어야 한다. 이것이 시를 쓰는 목적이다. 독자에게 용기와 힘 그리고 기쁨을 주는 일이기 때문이다.

작가는 이 작품을 통하여 역경을 이겨내는 자만이 영화를 누릴 수 있다는 삶의 진리를 역설하고 있다.

일월순천日月順天이란 말이 있다. 해와 달마저도 하늘의 뜻에 순명한다는 의미이니 하물며 연약한 우리야 더 말해 무엇 하겠는가?

이런 작가의 사고思考는 삶의 지혜이며 마음에 평화를 갖게 만든다. 온몸에 생긴 상처는 삶의 훈장이다. 동토의 겨울은 다가올망정 내년엔 또 봄이 올 것이고 푸름을 더해가는 여름이 올 것이기에 나무는 두려워하거나 절망하지 않는다.

우리에게 시사示唆하는 바가 큰 작품이다.

> 산야는 푸르건만 용사는 간 곳 없고
> 애절한 추모 시에 나라 사랑 가득하나
> 가뭄에 콩 나듯 걸린 태극기는 외롭다.
>
> 육십 초 사이렌에 추모의 정 담아 봐도
> 감사와 위로의 맘 어찌 말로 다 허리로
> 애국에 목숨 던지신 그 충절을 기억하리
> 　　　　　　　　　　　　「현충일 아침」 전문

현충일 보는 작가의 시선이 남다르다. 십여 년 전만 해도 현충일은 성스러운 울림으로 다가왔다. 하지만 요즘은 현충일이 무슨 날인지조차 모르는 시대가 된 느낌이다. 집집이 내걸던 태극기는 작가의 말대로 가물에 콩 나듯 찾아보기 어렵다.

현충원 영령들은 누구를 위해서, 무엇 때문에 자기 목숨을 초개같이 버렸는가 되묻지 않을 수 없다. 동작동 국립묘지에 작년에 왔던 뻐꾸기는 또다시 찾아와 목 터지게 울건마는 해마다 퇴색해가는 의미가 서글프다.

위 「현충일 아침」은 비장미悲壯美를 드러낸 작품이다. 평범한 시어로 짜인 구조이지만 그 내재한 아픔은 작금을 살아가는 우리에게 많은 시사점을 던져주고 있다.

첫수 종장의 '가물에 콩 나듯' 같은 표현은 우리에게는 익숙한 아포리즘(aphorism)이다.

후구에 '태극기는 외롭다' 같은 표현은 활유법을 도입하여 시적인 맛을 더해 준다.

> 절두산 지나갈 땐 한강 물도 멈칫댄다.
> 겨레를 깨우치려 기꺼이 흘리신 피
> 대대로 이어져 내려 윤슬처럼 빛난다.
>
> 기룩힌 얼을 찾아 딜티온 언덕 위에
> 만발한 무궁화는 어느 임의 넋이던가
> 순례자 가슴 가슴에 사랑 꽃이 피고 있다.
> 　　　　　　　　　　「성지 가는 길」 전문

「절두산 성지」는 마포구 합정동 한강 변 언덕 위에 있는 한국 천주교의 순교자를 기리는 성지이다. 1866년 병인양요 때 프랑스 함대가 양화진으로 들어오는 데 도움을 주었다는 이유로 천주교 신자들이 망나니의 칼에 맞아 무고하게 죽어간 아픔이 맺힌 곳이다. 지금도 석양을 받아 일렁이며 붉게 물드는 한강 물빛은 아마 순교자가 피로 증거한 신앙의 빛인지도 모른다.

지금 작가 박 시인은 그 아픔을 회상하면서 이 글을 썼을 것이다. 그래서 첫수 초장은 '흘러가던 한강 물'마저 '멈칫 댄다'라고 느낀다. 통상수교거부정책으로 우물 안의 개구리처럼 바깥세상을 모르는 우매한 백성을 깨우치려 죽음마저도 기꺼이 버리신 순교자들의 거룩한 정신을 바라보고 있다. 그래서 강물에 비치는 윤슬마저도 순교자들의 얼인 듯 빛나고 있다는 상상을 한다.

둘째 수 중장은 상징이다. '무궁화'는 우리나라의 국화이지만 여기서는 죽음으로 겨레를 일깨운 순교자들이다. 피어 있는 무궁화를 순교자의 넋이라고 표현한 언어의 조합능력이 매우 돋보인다. 따라서 그곳을 순례하는 모든 이들의 가슴에 순교자와 자신이 믿고 따르는 절대자에 대한 흠숭과 사랑이 저절로 일어난다는 고백이다.

이 짧은 작품 하나가 시사하는 것은 종교의 자유이다. 종교에 대한 신념은 이 세상 어느 무엇으로도 설명할 수 없으며 바꿀 수 없는 개인의 영역이라 할 수 있다.

> 동네 앞 우체통에 고운 사연 쌓이건만
> 갈 곳 잃은 손 편지들 옛 추억 가득 안고
> 우표에 그리움을 붙여 허공으로 날린다
>
> 「우체통」

우체통을 바라보는 시선이 남다르다. 고운 사연만 전해지는 것은 아니지만 작가의 심안으로 본 그 안에는 아름답고 사랑 가득한 사연들만 쌓여간다고 느낀다. 그러나 여기서 말하는 우체통은 시인의 마음속에 있는 그리움의 편지함이다. 마음속에는 아직도 부치지 못한 손 편지가 남아 있고 오랜 세월을 거쳤지만 지금 막 쓴 손 편지처럼 따듯하다. 작가는 '손 편지'라는 시어를 도입하여 더욱 정겨움을 만들어 내고 있다.

   종장을 '우표에 그리움을 붙여 허공으로 날린다'라고 했는데 그 표현이 정말 멋지다. 우표 대신 그리움을 붙여 허공으로 날릴 뿐이다. 이러한 수사법修辭法은 인접성에서 얻은 결과물이다.

> 불러도 대답 없이 귀띔조차 하지 않고
> 이정표 없는 길을 어찌 알고 찾아왔나
> 애타는 풀벌레 울음에 가을 색이 묻어 있다.
>
> 가을을 곱게 익혀 단풍잎에 물들인 듯
> 한여름 사연들이 밤새워 수런대면
> 허아비 사는 마을은 황금으로 물이 든다.
>
> 「가을 소식」

   이 작품 역시 시인의 감성이 그대로 전해진다. 시詩란 이러한 절제된 감정으로 부르는 노래이다. 이정표 없는 길도 시인의 심안心眼은 어디든 못 갈 데가 없다. 못 할 일도 없다. 어느 시인의 말처럼 무지개를 손톱에 앉혀 초가삼간을 지을 수도 있는 능력의 소유자이다. 종장에서 풀벌레 울음소리에도 가을 색이 묻어 있다고 했는데 이런 눈을 가진 작가의 시선이 아름다울 뿐이다.

둘째 수에서도 떨어진 낙엽 또는 단풍들의 속삭임을 듣는다. 이 속삭임이나 수런대는 소리는 한여름의 역경을 이겨낸 영웅담일 수도 있고 지나온 삶의 과정이 파란만장했음을 이야기하는 것일 수도 있다. 어떻든 간에 가을은 풍요의 계절이다. 따라서 종장에서는 풍요한 결실을 노래하고 있다고 본다. '황금 들판'이라는 일상적 언어가 아닌 '허아비 사는 마을'이라고 은유적으로 표현한 것도 매력적이다.

> 한여름 천둥소리 곱게 삭혀 살찌우고
> 강렬한 여름 햇살 피가 되어 흐르는가
> 오색 꿈 펼친 꽃잎에 한 우주가 들어 있다.
>
> 「야생화」 전문

시인은 천둥소리도 귀담아듣는다. 여름날 먹구름 속에서 천둥과 번개는 우리에게 어떤 두려움 또는 공포심을 불러일으키지만, 박 시인은 그 험악한 천둥소리마저 곱게 삭혀서 아름다운 멜로디로 듣는다. 야생화는 그 곰삭은 천둥과 여름 햇살을 받아 피를 만들고 꽃을 피운다. 꽃은 우리의 희망이며 꿈이다. 그러므로 오색 꽃잎에는 한 우주가 들어 있다는 사실을 깨닫고 있다. 현대 문명이 아무리 발전한다 해도 인간의 능력은 풀 한 포기 꽃 한 송이 만들어 내지 못한다. 그러나 이런 현상을 자연의 섭리라고 덮어버리기 일쑤지만 시인은 꽃송이 하나에 들어 있는 우주까지도 발견해 내는 신비한 눈의 소유자임이 틀림없다.

> 창틈을 비집으며 햇살이 들어와서
> 지난밤 언 꽃들을 포근하게 감싸주면
> 꽃향기 집안 곳곳에 봄볕처럼 쏟아진다.
>
> 꽃망울 터지는 날 애타게 기다리며
> 날마다 숨죽인다, 내일일까 모레일까
> 오가며 눈길 머문다, 앙가슴을 설레며
>
> 「기다리는 맘」 전문

　베란다 또는 실내에 들여놓은 화초 하나하나를 가꾸며 꽃필 날을 기다리는 작가의 마음이 엿보인다. 첫수 초장도 햇살이 창문으로 들어오는 것이 아니라 한 송이 꽃을 피우기 위해 창틈을 비집고 들어온다고 했다. 수사법은 활유법이다. 햇살이라는 무생물을 마치 살아있는 생물처럼 표현하는 글솜씨가 뛰어나다. 중장 역시 꽃들을 포근하게 감싸준다는 표현으로 정감이 더 가는 문장을 만들었다.

　둘째 수에서는 피는 꽃이 놀랄까 봐 숨소리조차 죽인다고 했다. 이 얼마나 간절한 마음인가? 그래서 시인은 오늘 필까 내일 필까? 가슴을 졸이면서 눈을 떼지 못하는 상황을 한 폭의 그림처럼 그려내고 있다.

> 별 따라 반짝이던 외로운 고향 집이
> 바람 따라 흘러갔나, 오간다는 말도 없이
> 은하수 놀던 우물에 모정 홀로 애절하다

> 뒷마당 감나무는 햇살 아래 쓸쓸하고
> 해묵은 장독대도 흔적만 남아 있어
> 아무리 애써 지워도 살아나는 고향이다
> 　　　　　　　　　　「헐린 고향 집」첫수 셋째 수

　내 **뼈**를 키워준 고향은 언제나 마음속에 살고 있다. 마당가에 곱게 피던 채송화까지 언제나 싱싱하게 살아있는 것이 고향이다. 고향에서 돌아가신 어머니는 아직도 우물가에 머물러 계신다. 어머니의 손발이 마를 날 없었기에 어머니의 목소리는 지금도 그 우물가에 계신 듯하다.

　햇빛에 반짝거려야 할 장독대는 먼지만 수북해서 어디선가 어머니가 '이 먼지 좀 봐'하시며 당장이라도 물걸레를 들고 나타나실 것 같은 환상에 사로잡힌다.

　종장은 절창이다. 아무리 애써 지워도 지울 수 없는 고향이기 때문이다.

　이 작품은 매우 서정적이다. 어떤 수사법을 동원한 것도 아니지만 독자의 마음을 동화의 나라, 전설이 살고 있는 고향으로 끌고 가 향수를 느끼게 만들기 때문이다.

> 성지의 밤하늘엔 잠 못 드는 별빛들이
> 세느강 윤슬처럼 낭만으로 물들어도
> 깊은 밤 풀벌레 소리는 내 마음을 깨운다.
> 　　　　　　　　　　　　　　「가을밤」전문

　초장을 보면 '성지의 밤하늘엔 잠 못 드는 별빛들이'라고 했는데 왜 '별'이라 하지 않고 '별빛'이라 했을까? 물론 성지가 있는 밤하늘에 잠 못 드는 별은 순례객들이다.

 아마도 성인들의 빛나는 삶을 표현하기 위한 수사법일 것이다. 위대한 성인 생각으로 밤잠을 못 이루는 순례객의 눈빛을 표현하고자 했기 때문일지도 모른다. 하여간 더 빛난다. 필자의 짐작으론 성인과 초롱초롱한 눈빛의 순례객을 동시에 표현함은 중의적 표현이라 생각된다.

 시인이 순방한 곳은 프랑스 센강 언저리에 있는 성지였나 보다. 아마 노트르담(Notre Dame) 성당을 말하는 것이라 짐작이 된다. '노트르담'이라는 말은 '우리의 귀부인, 즉 성모마리아'를 지칭하는 말이다. 이 성당은 유명한 관광지이므로 순례객이라면 반드시 찾아가는 곳이다. 그러니 센강에 반짝이는 윤슬(물결)도 낭만을 노래하며 흐르고 있지만, 시인의 심리적 상태는 무엇인가 허전하고 아쉬움, 안타까움이 함께 흐르고 있는 것이다. 따라서 종장에서 풀벌레는 낭만에만 젖지 말고 순례의 참뜻을 잊지 말라는 깨우침을 주는 것이다.

 제목을 「가을밤」이라 하지 말고 「센강의 가을밤」이라 하면 독자가 좀 더 쉽게 이해하지 않을까 하는 생각이다. 아니면 간단한 주석을 달든지.

  한적한 산책로에 흩어지는 갈색 얘기
  한 삶의 피날레(finale)를 장식하는 춤사위가
  한바탕 벌이는 연극 성대하게 펼쳐진다.

「낙엽」 전문

시인은 바람결에 흩어지는 낙엽까지도 갈색 얘기라 읊고 있다. 갈색이라는 시각과 얘기라는 청각을 통한 공감각적 효과를 시도하고 있다. 시의 미학적 효과는 이 공감각적 기능을 동원하여 극대화할 수 있고 이럴 때 낯설게 느껴지기도, 신선하게 다가오기도 한다.

중장은 연극의 마지막 장을 구경하는 것 같은 느낌이다. 낙엽마저도 제 삶의 피날레(finale)를 장식하는데 하물며 인간에게 있어서야….

삶은 한바탕 연극이라는 철학적 사고까지 엿보게 된다. 피날레는 외래어이긴 하지만 오히려 우리에게 더 익숙한 말이다. 오페라의 끝 악장이나 연극의 마지막 장 또는 대단원이라는 의미지만 피날레라는 말이 '막장'이나 '대단원의 장'이라는 말보다 더 친근하게 다가올 수도 있다고 생각한다.

> 하얗게 부서지며 밀려오는 이야기는
> 물고기 푸념인가 어부들의 노래인가
> 모래밭 남긴 사연이 썰물 따라 떠난다.

「파도」 첫수

이 작품은 종장 처리를 매끄럽게 했을 뿐 아니라 모래밭에 남긴 많은 사연이 떠나는 모습이 눈에 그려진다. 사랑과 이별, 아픔과 기쁨, 좌절과 희망 등 수많은 얘기들을 모래

밭은 알고 있을 것이다. 이제는 그 사연들이 썰물 따라 바다로 들어간다는 작가의 상상력이 작품을 아름답게 만들고 있다.

함축미含蓄美와 절제미節制美를 잘 살려낸 작품이다. 시조는 사전적 의미나 일상어가 아닌 새로운 의미를 창출해 내는 시어를 사용하게 되는데 이때 사용된 시어는 은유를 통하여 함축적으로 담아내게 된다. 시조의 매력은 간결성, 함축성, 상징성 등에 있다고 볼 때 위 작품은 그 가치를 충분히 내포하고 있다.

> 대모산 산그늘이 어둠을 쏟아내면
> 산마을 어귀에는 가로등이 눈을 뜬다
> 잠 못 든 소나무들은 짙은 향을 내뿜고
> 　　　　　　　　　　　　　「소나무」전문

대모산은 강남구에 위치하는 산으로 주민들의 사랑을 받는 작은 산이다. 밤에도 산책을 할 수 있도록 가로등을 설치해 놓고 있다.

여기서도 시인의 언어가 우리의 눈길을 끈다. 어둠은 자연현상으로 만들어지지만, 시인은 산그늘이 쏟아내는 현상이라고 말한다. 중장 역시 일상적 언어는 가로등을 켜는 것이지만 시인의 눈에는 가로등이 눈을 뜨는 것으로 생각한다. 시인의 언어와 일상어의 차이는 바로 이런 것이며 이러한 시어를 통하여 독자에게 감동을 주게 된다.

가로등이 눈을 뜨면 어둠은 물러가고 소나무 역시 잠 못 든다. 그래서 낮과 마찬가지로 솔향을 뿜어낸다. 이 솔향은 소나무의 향기가 아니라 작가의 마음속 향기이다.

III. 마치며

지금까지 백여 편의 작품 중에서 주마간산 식으로 몇 편만 골라 감상해 보았다. 작품이 전반적으로 시조의 격식을 엄격히 지키고 있어 시조라는 바탕색을 얼룩지게 하지 않았다. 마치 정원에 핀 각양각색의 아름다운 꽃을 본 느낌이다. 누구나 이러한 시조 작품을 생산한다면 시조의 앞날은 밝다고 말할 수 있다. '시조'라는 문학 장르가 국가문화 유산이 되지 못하는 이유도, 세계화를 난감하게 만드는 이유도 시조라는 색깔을 무시하고 중구난방 식으로 창작하기 때문이 아닌가 생각한다. 말하자면 자격 미달의 작가가 많다는 얘기가 된다. 국내에서 큰 관심을 끌지 못하는 우리 '시조'가 미국에서는 대인기라고 한다. 세계 어느 시형도 '시조'와 같은 특징을 지닌 시형은 없다.

외형이라는 틀의 구속을 받지만 오히려 자유로운 사상과 철학을 미학적으로 표현할 수 있는 문학이다.

시조는 앞에서도 언급했듯이 각 장의 독립성, 연결성과 더불어 함축과 상징을 통하여 독자에게 다가가는 문학이다. 시조는 간결하면서도 절제된 감정을 요구받으며 특히 종장 처리의 절제된 감정은 시조의 생명과 다름없다. 이 종장에서 작가의 의지와 작품의 영원한 생명력을 갖게 된다.

북송北宋 말末「적벽부」로 유명한 시인 소식(호는 동파) 역시 "시詩 가운데 그림이 있고 그림 가운데 시가 있다詩中有畵 畵中有詩"고 했고 동시대의 곽희郭熙 역시 시화일체詩畵一體라 했다.

시는 형태 없는 그림이고 그림은 소리 없는 시이다. 박 시인의 시조 작품 역시 아름다운 그림이 들어 있음을 발견한다.

박 시인의 작품은 대체로 장의 독립성이나 연결성이 무난하여 물 흐르듯 잘 읽힌다. 이는 시조의 형식을 잘 지켰기 때문에 운율이 부드럽고, 노래하듯 한다는 의미가 된다.

앞으로도 더욱 갈고 닦아 깊은 사유思惟로 삶의 철학을 담아낸 불후의 명작을 탄생시키기를 부탁드리며 시조의 발전을 위해 열과 성을 아끼지 말기를 당부하면서 다시 한 번 시조집『돌꽃의 향기』출간을 진심으로 축하드린다.